¡INTRÉPIDOS!
DOBLES DE RIESGO

TIMES
FOR KIDS

Jessica Cohn

¡Advertencia!
Todos los trucos riesgosos en este libro han sido realizados por profesionales. Nunca intentes realizar estos trucos riesgosos en tu hogar. ¡Nunca!

Consultores

Dr. Timothy Rasinski
Kent State University

Lori Oczkus
Consultora de alfabetización

Eric Bryson
Doble de riesgo

Eliza Coleman
Doble de riesgo

Basado en textos extraídos de *TIME For Kids*. *TIME For Kids* y el logo de *TIME For Kids* son marcas registradas de TIME Inc. Utilizados bajo licencia.

Créditos de publicación

Dona Herweck Rice, *Jefa de redacción*
Conni Medina, *Directora editorial*
Lee Aucoin, *Directora creativa*
Jamey Acosta, *Editora principal*
Heidi Fiedler, *Editora*
Lexa Hoang, *Diseñadora*
Stephanie Reid, *Editora de fotografía*
Sandy Phan, *Autora colaboradora*
Rachelle Cracchiolo, *M.S.Ed.,*
    Editora comercial

Créditos de imágenes: Tapa & pág. 1 Altaf Qadri/EPA/Newscom; págs. 11, 18, 18-19, 26-27, 28, 29 (arriba), 32, 32-33, 36-37, 46-47, 48-49, 52-53, Alamy; pág. 48 Associated Press; págs. 8-9 Bettman/Corbis; págs. 4, 6-7, 15 (abajo), 24 (abajo), 29 (abajo), 40 Getty Images; págs. 38, 39, 41 Jen Decker; págs. 9, 10-11, 14 Library of Congress; pág. 25 David Allio/Icon SMI/Newscom; pág. 42 Isack Saasha/SIPA/Newscom; págs. 12-13, 20-21, 30-31, 34-35, 44-45, 50-51 (ilustraciones) J.J. Rudisill; pág. 46 (ilustración) Timothy J. Bradley; todas las demás imágenes de Shutterstock.

Teacher Created Materials

5301 Oceanus Drive
Huntington Beach, CA 92649-1030
http://www.tcmpub.com

ISBN 978-1-4333-7174-5

© 2013 Teacher Created Materials, Inc.

TABLA DE CONTENIDO

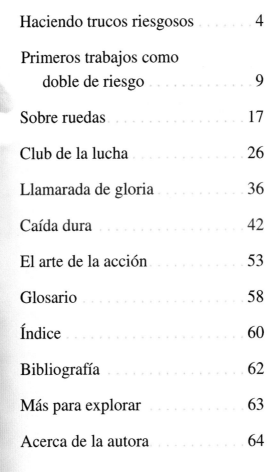

HACIENDO TRUCOS RIESGOSOS

Un ejército de guerreros corre a través de un área selvática. Esquivan pequeñas explosiones y lanzas en el aire. Su líder se balancea en una liana sobre sus cabezas. Con una patada a la cabeza, el enemigo cae. El director grita: "¡Corte!".

Las condiciones laborales para los dobles de riesgo son desde incómodas hasta peligrosas. Muy poco sobre esta carrera es una apuesta segura. Pero eso no les importa a quienes lo hacen. El trabajo de doble de riesgo es para personas que disfrutan la actividad y buscan desafíos. Este trabajo es único, excitante y está lleno de aventura. La comunidad de dobles de riesgo es también un grupo social. Estas personas altamente talentosas se desafían unas a otras para crear efectos extremos. Pero todos los días lo hacen de manera segura y profesional.

PARA PENSAR

➤ ¿Por qué alguien querría convertirse en un doble de riesgo?

➤ ¿Cómo se entrenan los dobles de riesgo para tener éxito?

➤ ¿Cómo evitan los dobles de riesgo salir heridos durante su trabajo?

Los dobles de riesgo se entrenan para sobrevivir a la acción que mataría a hombres y mujeres normales. Estudian con expertos y asisten a escuelas de trucos riesgosos. Los estudiantes comienzan aprendiendo a caer, a simular una pelea y a rodar por las escaleras. En clases más avanzadas se les enseña cómo deben verse al ser despedidos hacia atrás en una explosión. Otras enseñan el arte de conducir a altas velocidades, traspasar un vidrio y sobrevivir a un incendio. El entrenamiento de los estudiantes les permite escapar de un edificio en llamas o resistir un golpe en la cabeza. Cada truco riesgoso está diseñado para ser lo más seguro posible, y los maestros enseñan a los estudiantes a calcular riesgos.

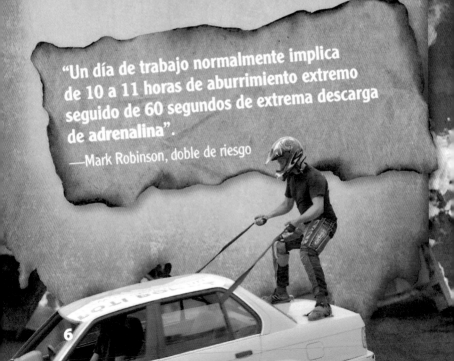

"Un día de trabajo normalmente implica de 10 a 11 horas de aburrimiento extremo seguido de 60 segundos de extrema descarga de adrenalina".

—Mark Robinson, doble de riesgo

Perfil de personalidad

Los dobles de riesgo tienden a ser el tipo de personas que de niños destrozaban su patio trasero. En la mayoría de los casos practicaban **artes marciales** u otros deportes de contacto. Este trabajo desafiante requiere inteligencia, coraje y mucha práctica. Es lo opuesto a un trabajo de oficina y así es simplemente como los dobles de riesgo exitosos quieren que sea. ¿Tienes lo necesario?

¿Puedes planear los riesgos?

¿Eres un jugador de equipo?

¿Eres coordinado?

¿Eres físicamente fuerte?

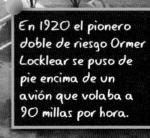

En 1920 el pionero doble de riesgo Ormer Locklear se puso de pie encima de un avión que volaba a 90 millas por hora.

Así se hace

Los circos siempre han presentado dobles de riesgo en sus actos. Cuando los directores de cine deseaban mostrar algo osado, como alguien volando alto de una soga, los circos le brindaban a las personas el entrenamiento adecuado.

PRIMEROS TRABAJOS COMO DOBLE DE RIESGO

Los pioneros del trabajo de doble de riesgo fueron meros **temerarios**. Algunos, incluso, perdieron su vida por la fama. A comienzos del siglo XX, la **aviación** era un nuevo campo. Los pilotos viajaban a través del país vendiendo paseos en sus aviones.

Los aviadores más populares, tales como Ormer Locklear, hacían trucos osados. A Locklear se lo llamó el Rey de los Caminantes de Alas porque caminaba sobre las alas de su avión en movimiento. En 1919 fue la primera persona en ser filmada mientras se desplazaba de un auto a un avión, ambos en movimiento. Al año siguiente murió durante una escena de accidente.

Variedad de destrezas

El **vodevil** fue una forma de entretenimiento popular alrededor de 1890. Los espectáculos incluían magos, entrenadores de animales, bailarines y **acróbatas**. Pero muchos artistas encontraron su camino a Hollywood: y al trabajo de doble de riesgo.

Dobles de riesgo de comedia bufonesca

Durante años las películas fueron en blanco y negro, cortas y mudas. Los realizadores de películas no podían grabar la acción y el sonido al mismo tiempo. A veces la música y algunos subtítulos eran agregados luego de la filmación. La mayoría de los primeros dobles de riesgo fueron comediantes. Hacían reír mediante **bromas visuales**. A los actores se los hacía girar de una bofetada, se los arrollaba, y sufrían otros contratiempos.

La **comedia bufonesca** es una forma física de humor. Buster Keaton fue uno de los mejores actores de comedia bufonesca. Él fue criado en una familia de vodevil. Se entrenó para el trabajo de doble de riesgo al actuar en las desordenadas puestas en escena de su familia. Más tarde Keaton actuó en Broadway y, luego, en películas.

Sin un rasguño

A los cinco años Buster Keaton estaba trabajando en el vodevil. Según una historia popular, lo llamaron de esa manera porque de muy pequeño cayó de una escalera y no sufrió ninguna herida. Su padrino, el famoso mago Harry Houdini, dijo: "¡Esa caída fue todo un *buster*!". En inglés un "buster" es una mala caída o un niño inusualmente rudo. ¡Y el nombre quedó por siempre!

En Broadway

Broadway es una calle larga en la ciudad de Nueva York. A mediados del siglo XIX muchos teatros abrieron en y cerca de Broadway. Hoy, así como Hollywood es la capital de la industria del cine norteamericano, Broadway es la capital del teatro. Actuar "en Broadway" significa que un actor actúa en una obra importante de abultado presupuesto.

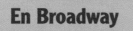

Trío de comedia

Los Tres Chiflados fueron un grupo de pioneros de películas divertidas. Fueron conocidos por sus comedias bufonescas similares a dibujos animados, efectos de sonidos bobos y divertidos cortes de pelo: rulos rizados, un corte taza y una cabeza pelada. El equipo de comedia apareció en casi 200 películas desde 1934 hasta 1970.

Comedia bufonesca paso a paso

La comedia física a menudo incluye a personas a quienes se las hace girar de una bofetada. El público disfruta reírse de la mala suerte de los personajes. Sin embargo, realizar una broma con éxito significa que nadie realmente salga lastimado. Los trucos riesgosos de comedia bufonesca son planificados y programados cuidadosamente para evitar lesiones.

La bofetada

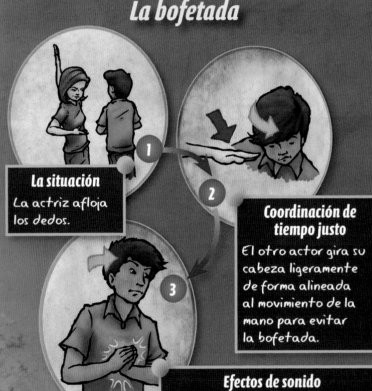

1

La situación
La actriz afloja los dedos.

2

Coordinación de tiempo justo
El otro actor gira su cabeza ligeramente de forma alineada al movimiento de la mano para evitar la bofetada.

3

Efectos de sonido
Aplaude al momento del "impacto".

El nocaut

La situación

El comediante se da vuelta sin prestar atención mientras sostiene una vara larga.

Coordinación de tiempo justo

Quien inocentemente pasa a su lado se cae por un instante antes de que la vara le golpee la cabeza.

1

2

3

Trucos de seguridad

Una broma consiste en tan solo crear la ilusión de un accidente o de violencia. Moe de Los Tres Chiflados no metía los dedos en los ojos de sus amigos, sino en las cejas encima de los ojos. Los comediantes físicos también pueden utilizar armas y objetos hechos de plástico o gomaespuma en sus escenas. Es menos probable que estos elementos suaves y blandos dañen a las personas.

Efectos de sonido

Golpea con las palmas de las manos el suelo para recrear el ruido del golpe.

¡Recuerda!
Nunca intentes realizar esto en tu hogar.

Vaqueros modernos

A medida que las películas se tornaron más complejas, lo mismo sucedió con los trucos riesgosos. Cuando las películas del oeste se volvieron populares, los actores tuvieron que realizar trucos a caballo. Muchos de estos actores, como Tom Mix y Yakima Canutt, venían de **rodeos**. En la actualidad los dobles de riesgo aún provienen frecuentemente de rodeos. Pueden también comenzar con deportes extremos o carreras de *motocross*.

Muchos de los mejores actores continúan para convertirse en **coordinadores de trucos riesgosos**. Dirigen trucos riesgosos. También planifican dónde colocar las cámaras y demás equipos. Saben exactamente cómo dejar sin aliento a la audiencia.

En la mixtura

Tom Mix, "Rey de los Vaqueros", fue una estrella en las películas del oeste mudas. Creció andando a caballo, trabajando en un rancho y participando en rodeos. En 1910 obtuvo su primer papel en una película. Así continuó y realizó cientos de películas.

Temerario

Los dobles de riesgo modernos frecuentemente realizan sus primeros movimientos temerarios sobre una motocicleta.

Canutt puede

Yakima Canutt ganó muchos campeonatos de rodeo. Fue famoso por ser capaz de saltar desde atrás de un caballo en movimiento y caer en la silla de montar. En 1966 ganó un Óscar por crear la industria de trucos riesgosos.

El trabajo que realizan los conductores profesionales frecuentemente viene con una advertencia: NO intente realizar esto por su cuenta.

Currículo audiovisual

Muchos dobles de riesgo especializados en conducción poseen un sitio web donde detallan sus logros en carreras y trabajo en el cine y la televisión. También publican fotografías y videos de sus trucos riesgosos y carreras. Las personas que buscan a un doble de riesgo especializado en conducción frecuentemente solicitan un *clip*, o compilación de video, del mejor trabajo del conductor. Conseguir el trabajo significa dejar que los potenciales empleadores los vean en acción.

SOBRE RUEDAS

En la actualidad los dobles de riesgo se especializan en diferentes tipos de trucos riesgosos. Los conductores profesionales crean parte de la acción más excitante en la pantalla. Conducen hasta la cima de montañas y el borde de acantilados en anuncios de TV. Conducen por encima de otros automóviles. En las películas hacen que las escenas de persecución parezcan fáciles.

Los profesionales llevan a los automóviles al límite. Obtienen destreza conduciendo innumerables millas en circuitos y fuera de las carreteras. Su entrenamiento los ayuda a controlar una tormenta de fuerzas naturales y automotrices. Los dobles de riesgo especializados en conducción son expertos en **coordinación viso-manual**. Y conocen sus vehículos a la perfección.

Volantes de entrenamiento

Los conductores aprenden **mecánica** en escuelas de conducción. Estudian manejo y ubicación de las manos. Expertos les enseñan cómo evaluar las condiciones de la carretera. Prueban su visión periférica y repiten movimientos básicos, tales como manejar de costado a través de conos. Hacer que un **giro de 180°** luzca bien en una película implica mucha práctica.

¡Acción!

 ¿Qué hace que una escena de automóvil sea excitante? Tal como se espera, las persecuciones policiales y las carreras de automóviles mantienen a la audiencia expectante. Pero, frecuentemente, la primera vez que un truco riesgoso es realizado es considerado el mejor. Los realizadores de películas continúan ofreciendo nuevos trucos riesgosos. Algunas películas recientes muestran **carreras de derrape**. En estas películas llenas de acción, equipos de conductores realizan giros y derrapan sobre sus cuatro ruedas intentado no colisionar entre sí. Una película popular incluye una escena en la que un automóvil acelera por una rampa en espiral. ¡El automóvil va de costado!

El actor Jason Statham alcanzó la fama en películas de acción taquilleras. De niño se entrenó en artes marciales y conducción.

Haciendo que rinda

El **salario medio anual** por el trabajo de doble de riesgo varia ampliamente. Los actores pertenecen al *Screen Actors Guild* (SAG). Los miembros del SAG requieren un pago mínimo de cien dólares por día. Pero los trabajos pueden tan solo aparecer cada unos pocos meses. Los dobles de riesgo que tienen éxito regularmente ganan más de $100,000 por año.

Riesgos en juego

Aunque es divertido verla, la conducción para el doble de riesgo puede ser un verdadero dolor. Los automóviles son potentes y las velocidades son altas. Es común salir, sentir dolor y sufrir dolores de cabeza. A pesar de que no se producen muchas muertes, a los dobles de riesgo especializados en conducción les es difícil conseguir **seguro de invalidez**. Entonces tienen sus vidas en sus propias manos en más de una forma.

Un doble de riesgo especializado en conducción colisiona contra una pila de desechos.

Giro por giro

Los dobles de riesgo especializados en conducción deben ser capaces de controlar los automóviles con precisión. Aprenden todo sobre los automóviles y lo que estos pueden hacer. De esta forma, un doble de riesgo especializado en conducción deja que el automóvil haga el trabajo naturalmente en vez de forzarlo a realizar trucos. Observa cómo los conductores pueden hacer que un automóvil, que se supone que se mueva hacia adelante y hacia atrás, ¡derrape de costado!

El conductor presiona el embrague.

El conductor tira del freno de mano para lograr un movimiento en dirección opuesta.

El conductor gira rápidamente el volante para hacer que el automóvil se deslice.

La presión en el **acelerador**, o pedal de gasolina, controla el ángulo del derrape.

Para algunas escenas, los manos del conductor deben estar en las posiciones de las ocho y las cuatro del reloj sobre el volante para no obstruir el cuadro de cámara.

Trucos del negocio

Ser un doble de riesgo especializado en conducción requiere una variedad de destrezas. Los conductores tienen que manejar varios tipos de vehículos. También deben ser capaces de realizar una serie de trucos, desde el derrape hasta persecuciones de automóviles a altas velocidades, pero el truco más importante es hacerse muy conocido. Muchos dobles de riesgo especializados en conducción contratan a **agentes**, quienes los ayudan a iniciarse. Comienzan como **extras** de películas. Algunos se unen al *SAG*. El grupo ayuda a los dobles de riesgo especializados en conducción a conocer a otras personas en la industria del cine y enterarse de los trabajos que están disponibles. También intentan atraer la atención de directores, productores y coordinadores de trucos riesgosos.

Orden alta

Los dobles de riesgo especializados en conducción a menudo reemplazan a actores atléticos, así que estar en forma es importante. Asimismo, cuanto más bajo es el conductor, más grande parece el automóvil. Por lo tanto, los conductores altos tienen menos posibilidades de ser contratados. También es más probable que una persona alta se golpee con el techo de un automóvil.

Paseo cuesta arriba

Esta carrera es un paseo cuesta arriba. Por cada conductor con trabajo, hay cientos sin uno. Y la mayoría de los conductores realizan la gran parte de su trabajo entre los 30 y 40 años. Pasados estos años, a menudo necesitan comenzar a realizar otros papeles, tales como coordinador de trucos riesgosos o entrenador de actores de riesgo.

Hermanas veloces

Debbie y Donna Evans le allanaron el camino a las mujeres en el mundo de la conducción. Debbie (izquierda) iba en el asiento del conductor durante una famosa escena de acción en la que un pequeño auto pasaba por debajo de un camión.

Quién es quién

Tanner Foust es uno de los conductores profesionales más exitoso. Ganó la medalla de oro en los *X Games* tres veces. Fue dos veces declarado el ganador del campeonato de la Fórmula *Drift*. Foust es más conocido como el presentador de programas de TV, tales como *Top Gear USA* y *Battle of Supercars*. Sin embargo, todo su trabajo como doble de riesgo de cine especializado en conducción también es impresionante. Condujo en muchas películas de acción y anuncios populares.

Por poco

En su sitio web, el conductor Tanner Foust muestra sus videos, en los que conduce cerca de acantilados y precipicios. Cada video comienza con una advertencia. Sin importar cuán excitante pueda parecer el trabajo, nadie debería intentar hacerlo solo. Este es un trabajo altamente especializado que requiere de la clase correcta de entrenamiento.

CLUB DE LA LUCHA

Es difícil superar a la emoción de la conducción, pero la lucha profesional es el primer **contendiente**. Muchos luchadores son expertos en artes marciales y manejo de armas. Otros boxean o luchan puño contra puño.

El objetivo de una escena de lucha es hacer que luzca lo más dramática posible. Hacer que parezca real es clave para atrapar a la audiencia. Las mejores luchas son filmadas con poca o casi nada de edición. En algunas películas, la acción también necesita reflejar la época en la que tiene lugar la película. Un luchador en una película del oeste actúa de una cierta manera en una lucha de taberna. Un luchador en una película de artes marciales realiza diferentes movimientos.

El Dragón

Bruce Lee fue uno de los nombres más importantes en las películas de artes marciales. Lo llamaban el Dragón. Él inventó el *Jeet Kune Do*, un tipo de lucha que se centra en la filosofía detrás de las artes marciales. Sus escenas de lucha intensas emocionaron a audiencias de todo el mundo y, hoy en día, continúan inspirando a artistas de artes marciales y realizadores de películas.

Clases de combate

Una de las primeras cosas que los estudiantes de actuación aprenden es cómo simular una lucha sobre el escenario. El actor gira levemente, dándole la espalda a la audiencia, golpea su propio pecho y cae como si lo hubieran lastimado. Pero la cámara filma a un luchador desde todos los ángulos. Los dobles de riesgo de cine tienen que conseguir que parezca real para la película.

27

Chan, el hombre indicado

Para la lucha de dobles de riesgo de excelencia, no busques más allá de Jackie Chan. Es actor y **coreógrafo**. Es cantante y doble de riesgo, además de comediante de primera clase.

Nació en 1954 en Hong Kong y fue entrenado en artes marciales y acrobacia. Cuando era un adolescente, se convirtió en doble de riesgo para Bruce Lee. En 1971 actuó en su propia película. Desde entonces ha actuado en varias comedias de acción populares. Su sentido de la coordinación de tiempos, que le es muy útil a la hora de luchar, también lo ayuda a hacer reír.

Jet Li

Como Jackie Chan, Jet Li comenzó su carrera compitiendo en artes marciales. Empezó a realizar películas en China durante su adolescencia. En 1998 Li se ganó un papel en su primera película norteamericana. Hizo de villano, pero pronto le ofrecieron roles de héroe.

Imposible de simular

Chan y Li necesitaron años de entrenamiento y disciplina para tener éxito. Algunos de los mejores dobles de riesgo de lucha vienen del mundo de las artes marciales. Otros puede que posean experiencia militar.

29

¡MÁS EN PROFUNDIDAD!

¡Paf! ¡Zas! ¡Ay!

En una de sus series de acción más famosas Jackie Chan lucha con ladrones en un centro comercial. La escena está repleta de vidrios rotos, cestos de basura que vuelan por el aire y bombillas que explotan. Los fanáticos del cine adoran ver esta escena. Muestra por qué Chan, quizás más que ningún otro, ha logrado que las películas de lucha de Hong Kong sean populares en todo el mundo.

Chan salta por encima del pasamanos de una escalera mecánica, donde se enfrenta con un chico malo.

Incluso los trucos riesgosos bien planificados pueden salir mal. Durante la filmación Chan se quemó seriamente las manos mientras se deslizaba por un poste de dos pisos de alto. Las luces eran demasiado intensas e hicieron que el poste se calentara.

El héroe convierte un perchero de ropa en un arma mortal.

Chan voltea al hombre, quien cae de espaldas adentro de un vitrina de vidrio.

Efectos digitales

Los realizadores de películas ahora pueden utilizar **imágenes generadas por computadora (IGC)** para mostrar guerras y desastres. Las computadoras pueden mostrar luchas sin poner a las personas en peligro. Esto significa que el trabajo es más seguro, pero hay menos trabajo para aquellos que estén dispuestos a correr los riesgos. Algunas escenas de batalla muestran a miles de luchadores. Sin embargo, la mayoría de estos luchadores son digitales. La escena puede simplemente emplear a unos pocos dobles de riesgo en vivo.

Mantener viva una carrera de lucha es difícil. Requiere disciplina. Los luchadores tienen que dar en el blanco. Necesitan ejercitarse para estar a la altura de la acción y el peligro. Para competir por trabajos, ellos deben **promocionarse**.

Doloroso

Desde que comenzó a trabajar en el negocio del cine a los ocho años, Jackie Chan se ha quebrado y dislocado huesos de la cabeza a los pies. Mientras filmaba un truco riesgoso de rutina, Chan se cayó al saltar desde un muro hacia la rama de un árbol. Golpeó el piso rocoso con su cabeza y se fracturó el cráneo. Pero los huesos rotos no lograron que Chan y otros dobles de riesgo dejaran de realizar su arriesgado trabajo.

Haciendo el corte

El seguir los procedimientos y trabajar como un equipo hace que todos estén seguros. Cada truco riesgoso ha de ser evaluado por personas que saben qué es lo que puede fallar. A veces, está claro que el riesgo no vale la pena. Los coordinadores de trucos riesgosos pueden cortar una escena y reemplazarla por otra más segura pero igualmente sorprendente.

En la década de 1980 los dobles de riesgo morían en los estudios a una tasa de aproximadamente tres por año. En la actualidad los estudios son mucho más seguros.

Entrenamiento de guerrero

Los dobles de riesgo deben ser fuertes y estar en buen estado. La mayoría entrena todos los días. Además de entrenar para trucos riesgosos, también realizan actividades como yoga, correr, tenis o bicicleta de montaña.

Un doble de riesgo practica diferentes puñetazos y patadas con bolsas o con un compañero.

El entrenamiento comienza con un calentamiento de 15 minutos de estiramientos.

Luego, 10 minutos en la cama elástica. La cama elástica ayuda a los dobles de riesgo a mejorar su equilibrio.

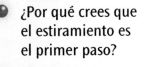

¡ALTO! PIENSA...

- ¿Por qué crees que el estiramiento es el primer paso?

- ¿Por qué es tan importante repetir los movimientos una y otra vez?

- ¿Crees que la seguridad es tan importante durante el entrenamiento como lo es durante la filmación?

Entrenar con armas o practicar escenas de lucha ayuda a un doble de riesgo a prepararse para el momento en que el director grita: "¡Acción!".

El último paso es un enfriamiento con ejercicios de fortalecimiento, tales como abdominales y flexiones.

LLAMARADA

DE

GLORIA

Una película de acción popular mostraba una escena memorable en un muelle. La escena comienza con un tiroteo entre los chicos malos. Un avión vuela sobre sus cabezas. Un chico bueno derrama gasolina desde el avión y dispara en igual dirección. El muelle arde en llamas y los malos se tiran al agua.

Para hacer que esta escena se vea real, el equipo de dobles de riesgo incendió el muelle varias veces. Fue el tipo de acción con llamaradas que también hizo explotar los foros de mensajes en línea. Los fanáticos del cine que estaban acostumbrados a efectos realizados con computadoras declararon que la escena del muelle fue un ejemplo de una buena película antigua de acción.

No te quemes

Los dobles de riesgo que trabajan con fuego están en una categoría aterradora que les es realmente propia. Esta especialidad de trucos riesgosos requiere entrenamiento y planificación intensivos. Las personas que trabajan con fuego usan capuchas y guantes especiales, y demás equipo de seguridad. La película puede simular lo real, pero el fuego es real y peligroso. El fuego devorará casi todo a su paso.

Demasiado caliente para manejarlo

Dentro de esta categoría de trucos riesgosos existe, a menudo, una necesidad de **pirotecnia**. Este trabajo puede ser literalmente demasiado caliente para manejarlo. Crear y controlar una explosión y el fuego posterior requiere de planificación y seguimiento. Las escenas deben ser ensayadas exhaustivamente.

Récord en incendiarse

En 2010 Colin Decker estableció un *Guinness World Record* por el cuerpo quemado en su totalidad por más tiempo. Se "quemó" de la cabeza a los dedos de los pies durante tres minutos y 27 segundos y vivió para contarlo.

¡Recuerda!
Nunca intentes realizar esto en tu hogar.

Fuerzas especiales

En 2004 los expertos en fuego Colin Decker y Dustin Brooks unieron fuerzas para crear la empresa *Fire 4 Hire*. Comparten varios años de experiencia en el negocio de los dobles de riesgo. La empresa también ha desarrollado su propio gel para el fuego, el que aplicado sobre la piel y al encenderse hace que la misma luzca como si se estuviera quemando.

Decker y Brooks comparten varios reconocimientos. Sus trucos riesgosos en cine varían desde bolas de fuego y cavernícolas en llamas hasta monstruos míticos que lanzan fuego por sus bocas. A menudo ambos son convocados como **asesores** cuando un guión requiere de un truco riesgoso importante.

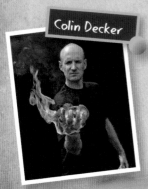
Colin Decker

Dustin Brooks

Estudiando la seguridad

Los dobles de riesgo estudian cómo se comporta el fuego. Aprenden cuáles son las partes del cuerpo más sensibles al calor y la forma en que una indumentaria especial protege esas áreas. También aprenden sobre seguridad relativa al fuego e información sobre primeros auxilios.

Verdaderamente aterrador

A fines de la década de 1930, durante la filmación de *El Mago de Oz*, Margaret Hamilton, la mujer que interpretaba a la Malvada Bruja, sufrió quemaduras. Un escotillón **falló** y quedó atrapada en medio de fuegos artificiales. Sufrió serias quemaduras en la cara y en la mano y fue hospitalizada.

Cualquier uso del fuego está repleto de riesgo. Cuando Decker y Brooks prenden fuego a una persona, esta es una operación bien planeada. La "víctima" usa un traje ignífugo, que se parece mucho a un calzoncillo largo. Encima de este, va un conjunto de ropa especial y, luego, el gel. No hace falta decir que nadie debe siquiera pensar en hacer esto solo. Incluso con estas precauciones el gel puede calentarse más de lo que el cuerpo humano puede soportar.

La Malvada Bruja (Margaret Hamilton) amenaza a Dorothy (Judy Garland) en una escena de *El Mago de Oz*.

Equipo de fuego

Cuando alguien se quema en una escena hay varios trabajadores de seguridad alertas con extintores. También hay una pileta de agua cerca. No existe nada seguro al trabajar con pirotecnia o cualquier forma de llama.

Ciencia de vida

El trabajo de un doble de riesgo parece que requiere ser intrépido, pero los mejores en esta línea de negocio poseen un miedo saludable al fuego. Abordan su trabajo como lo haría un científico y tienen en cuenta todo lo que podría salir mal. El gel especial ayuda a los actores a protegerse, pero aún así, necesitan conocer sus límites.

¡En serio!
Nunca intentes realizar esto en tu hogar.

CAÍDA DURA

El miedo corre a través de cualquier tipo de truco riesgoso como electricidad emocional. Al jugar con los miedos de la audiencia, los actores producen un sentimiento de **asombro**. Es por esto que caer es, asimismo, otra especialidad de los dobles de riesgo. La mayoría de las personas le temen a los lugares altos y a las caídas. Los trucos riesgosos que incluyen caídas emocionan a las audiencias.

Las caídas requieren de entrenamiento especial, destreza acrobática y gracia bajo presión. Un cuerpo toma más velocidad a medida que cae. Los actores deben aprender a utilizar herramientas que desaceleran el efecto o amortiguan el golpe. Para las caídas desde las mayores alturas los actores utilizan airbags y largas cuerdas elásticas denominadas **desaceleradores**.

Un doble de riesgo practica una caída.

Aterrizaje suave

La destreza más importante en las caídas es saber cómo aterrizar. Los dobles de riesgo están entrenados para entender cómo un cuerpo funciona con la **gravedad**. Aprenden las mejores posturas corporales para prevenir lesiones.

Cayendo en forma vertical

Los dobles de riesgo estudian cómo caer desde alturas extremas. Practican las caídas de cabeza, de frente y de espalda. Aprenden exactamente qué equipo usar para cada caída.

Cayendo y volando

Una caída que dura solo unos pocos segundos en la pantalla puede llevar horas de planificación. Volar, dar vueltas y luchar en el aire requiere de equipo que la audiencia nunca ve. Aquí te ofrecemos una mirada detrás de escena sobre lo que sucede en algunos de los mejores trucos riesgosos que desafían a la gravedad.

Preparando una caída

Un doble de riesgo salta desde una plataforma.

Los spotters [observadores] están alerta por si surgen problemas. Están entrenados para participar cuando surgen accidentes.

Una gran airbag amortigua la caída del doble de riesgo.

Informe de cuerdas

Un doble de riesgo está sujetado con cuerdas a un arnés y un aparejo.

Filmar contra una pantalla verde le permite a los realizadores de películas agregar efectos especiales más tarde.

Una colchoneta previene las lesiones en caso de una caída.

¡Recuerda! Nunca intentes realizar esto en tu hogar.

Próximo a caer

Uno de los más memorables saltos de todos los tiempos tuvo lugar en una película de James Bond. El famoso espía cayó desde una altura mayor a 700 pies a un edificio custodiado por chicos malos. En realidad, el doble de riesgo, Wayne Michaels, realizó la caída con la ayuda de una **cuerda de puentismo**. La caída fue filmada en un dique en Suiza. Para asegurarse de que el doble de riesgo no se golpeara de lado, los realizadores de la película construyeron una **ampliación** a lo largo de la parte superior del dique. Eso le dio un área más ancha con la cual trabajar.

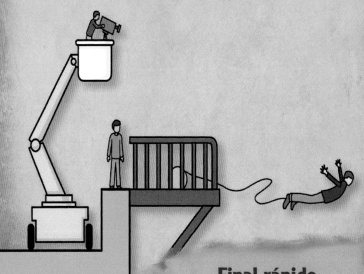

Final rápido

La caída de cabeza desde la parte superior del dique fue completada en 7.5 segundos. Hacia el final Michaels estaba cayendo a 120 millas por hora.

Los coordinadores de trucos riesgosos deben tener en cuenta el clima y la velocidad del viento cuando planifican una caída al aire libre.

Caída increíble

El salto que Wayne Michaels realizó para la película de Bond rompió un récord en la realización de películas. Fue el salto más largo de puentismo desde una estructura.

Dar el temerario

Dar Robinson fue un destacado temerario del cine. Su primer y principal truco riesgoso fue un salto de cien pies en 1973. Obtuvo 21 récords de trucos riesgosos. En 1980 cayó desde una altura de 900 pies de la Torre Nacional de Canadá, una construcción con una base ensanchada. Tuvo en cuenta los vientos alrededor de la torre. Colgado de una cuerda delgada, Robinson estuvo a 200 pies de golpear el piso.

Robinson fue conocido por planear sus trucos riesgosos cuidadosamente, pero falleció a los 39 años mientras filmaba un truco riesgoso. Se arrojó exitosamente desde una motocicleta hacia un barranco. Luego, volvió a subirse a la motocicleta. Más tarde, durante una simple persecución, **inexplicablemente** se despistó hacia un acantilado antes de que pudiera frenar para prevenir la caída.

Robinson cae a una cama elástica que cuelga de un helicóptero que vuela a 300 pies del suelo.

Cuento fantástico

Dar Robinson ensayó sus trucos riesgosos cuidadosamente. Al probar el cable para el salto canadiense, este se rompió. Tuvo que reacomodar sus planes antes de seguir adelante con el truco riesgoso.

Esperando lo inesperado

Hasta el día en que falleció, Robinson no se había roto un hueso. El incidente que lo mató fue totalmente inesperado. Todos los trucos riesgosos principales se habían completado y el equipo médico ya se había retirado.

Premiando a los héroes de la acción

Los *Taurus World Stunt Awards* son los Óscares para los dobles de riesgo. Para formar parte de la academia *Taurus* y ser candidato a un premio, la persona necesita poseer mucha experiencia en actuación y una recomendación de un miembro actual de la academia. Ganar un *Taurus* es un gran honor y una señal de éxito.

Un héroe de acción se da la mano con su doble de riesgo.

Soporte para el trabajo de doble de riesgo

Parte de la misión de la academia es brindar una indemnización a los actores que sufren lesiones durante su trabajo. La *Taurus World Stunt Award Foundation* le entrega dinero a dobles de riesgo lesionados. La academia ofrece ayuda si un accidente no le permite al doble de riesgo trabajar.

En la entrega de premios a dobles de riesgo se llevan a cabo actos que desafían la muerte a lo largo de la noche.

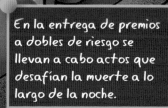

Premios

* Mejor lucha
* Mejor truco de riesgo con fuego
* Mejor truco de riesgo en general
* Golpe más duro
* Mejor trabajo con vehículo

"Saber no es suficiente; debemos aplicar. Estar dispuesto no es suficiente; debemos hacer".

— Bruce Lee, actor y artista de artes marciales

EL ARTE DE LA ACCIÓN

Para un doble de riesgo ningún día es igual a otro. El trabajo puede requerir una excitante persecución en automóvil, una escena de lucha violenta, o ser prendido fuego. Estos osados actores deben ser expertos en una amplia gama de destrezas. En línea con este trabajo, no hay lugar alguno para el error. Un truco riesgoso exitoso requiere de la perfecta combinación de riesgo calculado, destreza extrema y maestría escénica. Y los mejores actores estudian con los profesionales que surgieron antes que ellos.

Escuela de trucos riesgosos

Las escuelas de trucos riesgosos ofrecen talleres o sesiones de entrenamiento con una duración de una a tres semanas. Algunas escuelas ofrecen clases en línea. Les enseñan a valientes estudiantes a realizar trucos riesgosos osados. Las materias de clase incluyen rodar, romper vidrio, armas y seguridad con el fuego. Pero la mejor manera de aprender el negocio es de los profesionales. La mayoría de los dobles de riesgo aprenden los unos de los otros. Se entrenan con expertos y les transmiten sus destrezas a los nuevos actores.

¡Luces! ¡Cámara! ¡Acción!

Cuando el entrenamiento finaliza, es hora de actuar. Los dobles de riesgo pasan horas entrenando, ejercitándose y practicando. Un equipo de dobles de riesgo completo puede pasar días creando unos pocos segundos de acción. Su trabajo mantiene a la audiencia expectante y esta teme por las vidas de los actores. Por lo tanto, la próxima vez que veas una escena que haga detener al corazón, recuerda que estos maestros en el arte de la acción hicieron que esta fuera posible. Esa es la magia *real* del cine.

"Los mejores dobles de riesgo reconocen que este trabajo tiene el potencial para matarte e insisten en que no lo hará. Los profesionales toman medidas para controlar los riesgos. No es que no tengan miedo. Son, en realidad, muy cuidadosos".

—Eliza Coleman, doble de riesgo

El verdadero trabajo

Conoce a Mark Donaldson, el presidente de *Stuntmen's Association of Motion Pictures*. Donaldson ha trabajado en populares programas de TV y películas taquilleras, incluidas *Lost* y la franquicia *Piratas del Caribe*. Sus créditos incluyen actor doble de riesgo, coordinador, conductor y luchador. Se sentó con la escritora Jessica Cohn para conversar sobre esta carrera.

Jessica: ¿Cómo se convirtió en un doble de riesgo?

Donaldson: Lo planifiqué durante tres años antes de venir a California. Esto era un sueño y fui detrás de él a pesar de lo que todos me decían. Me decían: "No puedes hacer eso".

Jessica: ¿Cómo es un día de trabajo?

Donaldson: En una película estamos acostados sobre la arena como cuerpos muertos y la temperatura de la arena es 106 grados. O saltas a un río para empezar una lucha y el agua está a 47 grados. [Básicamente], apareces. Hay un poco de socialización. Se elabora un plan y, generalmente, quien lo hace es el coordinador de trucos riesgosos. O, a veces, llaman y tú no sabes lo que estás haciendo. Lo único que sabes es traer tu bolsa de colchonetas para proteger tu cuerpo.

Jessica: ¿Qué consejo puede darle a las personas que están interesadas en este trabajo?

Donaldson: Aprende todo lo que puedas de los dobles de riesgo que trabajan de eso. Recuerda: lo que sea que la mente puede concebir, el cuerpo puede lograrlo. Pero siempre mantente seguro. Siempre planifica para lo inesperado.

Jessica: ¿Algo más?

Donaldson: Existen unas pocas escuelas de conducción excelentes. Pero lo mejor que puedes hacer es conocer gente en la industria —aquellos que saben lo que están haciendo— y dejar que te enseñen. Esto es un negocio que consiste en llevarse bien con las personas.

GLOSARIO

acelerador: un pedal para controlar la velocidad

acróbatas: personas que realizan hazañas que requieren un alto grado de control muscular, tales como rodar y balancearse desde cosas

adrenalina: la sustancia que eleva la presión sanguínea e impulsa al cuerpo a actuar rápidamente

agentes: personas que actúan o hacen negocios por otra

ampliación: una sección o parte agregada para agrandar o conectar algo

artes marciales: el arte y deporte de combate y defensa propia

asesores: personas que brindan consejo profesional

asombro: un sentimiento combinado de miedo, respeto y admiración

aviación: la operación de aeronaves, tales como aviones y helicópteros

bromas visuales: efectos cómicos producidos por medios visuales más que por diálogos

carreras de derrape: un tipo de automovilismo en el que los conductores giran al máximo sus volantes para hacer que el automóvil se deslice o "derrape" de costado.

comedia bufonesca: comedia que enfatiza las payasadas y la violencia humorística

contendiente: competidor que desea convertirse en campeón

coordinación viso-manual: el control del movimiento de los ojos con el movimiento de las manos

coordinadores de trucos riesgosos: las personas que planifican y dirigen los trucos riesgosos en el cine y la TV

coreógrafo: una persona que planifica la danza y movimientos similares en las actuaciones

cuerda de puentismo: una cuerda o soga de material extensible que evita el choque

desaceleradores: sogas y cuerdas especiales que desaceleran una caída

extras: personas contratadas para actuar en el segundo plano de una película

falló: funcionó de manera incorrecta o no funcionó normalmente

giro de 180°: un truco riesgoso en el que un automóvil realiza un giro de 180 grados al final de un derrape, dando una media vuelta

gravedad: la fuerza de atracción de cualquier objeto con masa

imágenes generadas por computadora (IGC): imágenes creadas por computadoras

inexplicablemente: aquello que no puede ser explicado

mecánica: los detalles sobre la forma en que algo funciona o es hecho

pirotecnia: el arte de elaborar y utilizar fuegos artificiales

promocionarse: promoverse o publicitarse

rodeos: presentaciones y competencias que muestran enlace de terneros y eventos similares; lugares donde estos eventos tienen lugar

salario medio anual: la cantidad de dinero que una persona gana en la mitad de la escala

seguro de invalidez: pago garantizado en el caso de lesiones sufridas durante la jornada laboral

temerarios: personas que son valientes, a veces negligentes, y les encanta arriesgarse

vodevil: una forma de entretenimiento que incluye varios tipos de actos, tales como bailarines, músicos, comediantes, animales entrenados, malabaristas y magos

X Games: un evento deportivo donde se presentan deportes extremos

ÍNDICE

BIBLIOGRAFÍA

Cummins, Julia. *Women Daredevils: Thrills, Chills, and Frills.* **Dutton Juvenile, 2008.**

En épocas en las que se esperaba que se quedaran en sus hogares atendiendo a sus familias, estas notables mujeres llevaron a cabo actos extremos. Lee este libro para aprender sobre trucos riesgosos que harían detener el corazón de cualquiera.

McClellan, Ray. *BMX Freestyle (Torque: Action Sports).* **Bellwether Media, 2008.**

Realizar trucos riesgosos sobre una bicicleta requiere destreza y precisión. Aprende sobre los diferentes equipos que los ciclistas utilizan y los trucos que realizan para ganar competiciones.

Mello, Tara Baukus. *Stunt Driving (Race Car Legends).* **Chelsea House Publications, 2007.**

Persecuciones a alta velocidad, automóviles colisionando, explosiones. Trucos riesgosos como estos llevan horas de práctica y requieren perfección. Puedes ver tan solo unas pocas escenas con acción que inyecta tu adrenalina, pero la vida de un doble de riesgo es excitante todos los días. Descubre más sobre el arte de la conducción de dobles de riesgo en este libro. Advertencia: esta carrera no es apta para cardíacos.

Weintraub, Aileen. *Stunt Double (High Interest Books).* **Children's Press, 2003.**

Explora una de las profesiones más peligrosas. Los dobles de riesgo deben ser precisos y no temer salir heridos. Saltar a través de llamas, rescatar rehenes, arrojarse desde un acantilado; no hay en el estudio dos días iguales.

MÁS PARA EXPLORAR

Stunt Driving Games

http://www.agame.com/games/stunt_driving/stunt_driving.html

Descubre cómo sería ser un doble de riesgo especializado en conducción. Elige tus vehículos y domina estos circuitos.

StuntKids.com

http://www.stuntkids.com/index.asp

Toma clases y aprende de los expertos el negocio de ser un doble de riesgo. Aquí también encontrarás imágenes y currículos de niños actualmente entrenados para realizar trucos riesgosos, así como imágenes de estos en acción.

International Stunt Association

http://www.isastunts.com

Este sitio posee fotografías, demostraciones de trucos riesgosos y una galería de miembros. Observa si puedes identificar a alguno de ellos en la próxima película de acción que mires.

Bruce Lee Biography

http://www.biography.com/people/bruce-lee-9542095

Aprende más sobre este doble de riesgo emblemático, desde sus primeros años como pequeño actor hasta su papel de profesor de *kung-fu* para las masas.

ACERCA DE LA AUTORA

Jessica Cohn creció en Michigan. Tiene un título en Inglés y una maestría en Comunicación Escrita. Ha trabajado en publicaciones educativas durante más de una década como escritora y editora. Durante esos años, investigó sobre varias carreras, pero la de doble de riesgo se encuentra, sin dudas, entre las más fascinantes. Está casada y tiene dos hijos. Su familia está radicada en el estado de Nueva York.